D1385975

BERNARD ANTOUN
A UNE ABSENCE

ISBN 2-89396-061-8

Dépôt légal - 2e trimestre 1992
Bibliothèque nationale du Québec
Bibliothèque nationale du Canada

Photo de la page couverture: John Winiarz

Imprimé au Canada

5780, avenue Decelles, Montréal, Québec, Canada H3S 2C7

Bernard Antoun

A une absence

Préface de Jean Ethier-Blais

HUMANITAS

nouvelle optique

DU MEME AUTEUR

Fêlures d'un temps I, poèmes, Louise Courteau éditrice, Montréal, 1987, 77 pages.

Fêlures d'un temps II, poèmes, Louise Courteau éditrice, Montréal, 1988, 127 pages.

Fragments arbitraires, poèmes, éditions Trois, Montréal, 1989, 105 pages.

Les anémones, poème, éditions Humanitas, Montréal, 1991, 98 pages.

Harpe de noces, poèmes, éditions Anne Sigier, Québec, 1991, 108 pages.

Sous son regard lumineux, poème, éditions Anne Sigier, Québec, 1991, 96 pages.

PREFACE

Bernard Antoun vit en poésie. Vie poétique, vie réelle. Sa vision du monde se construit peu à peu, au fil de ses recueils, en fonction de cette couche spirituelle, invisible, qui entoure le monde. Teilhard l'appelait la biosphère, charge immémoriale de vie. Peu d'êtres ont accès à cet univers de mystères. Peu de poètes, même, souhaitent en franchir les remparts lumineux. Ils ne le souhaitent pas, car des liens plus forts que la vie et la mort les retiennent attachés au magma terrestre. Quel que soit le sujet qu'elle traite, la poésie se fait alors divertissante, riche en anecdotes, prolixe et, comme il se doit, terre-à-terre. Il faut un effort constant de tout l'être pour se détacher de l'événement et, à partir de lui, prendre son vol et lui donner son sens cosmique. On n'accède à cette élévation qu'en accédant à Dieu. C'est ce parcours, difficile entre tous, que Bernard Antoun a entrepris de mener, jusqu'à ce que la Maison paraisse à l'horizon. Les mots sont inséparables de ce cheminement, sur la voie de Poésie.

Les deux derniers recueils de Bernard Antoun, *Harpe de noces* et *Sous son regard lumineux* (Editions Anne Sigier) sont illuminés par la préhension immédiate de la foi. La Vierge y joue le rôle d'iconostase, entre Dieu et les humains, marquant les limites de l'Etre, cependant lieu de prise de conscience et d'adhésion. Le style de Bernard Antoun se rattache à la prière, à l'incantation, aux Psaumes. Il dit des choses simples, qui paraissent appartenir à la vie quotidienne, d'une voix parfois à peine audible, comme un secret murmuré à l'oreille. Le secret de cette voix, c'est qu'elle n'en reste pas là. Elle parle au cœur. Claudel l'a noté dans *L'Epée et le miroir;* le cœur entend, lui aussi, il est le réceptacle ultime de la vérité. C'est pourquoi la sagesse a donné le nom d'oreillettes à ces cavités du cœur où s'amassent les secrets essentiels de la vie. C'est peut-être là que vont se loger certains mots, certaines images qui appartiennent en propre au verbe d'enfance de Bernard Antoun, puisque, longtemps après la lecture, ils restent et agissent en soi. Il ne faut pas se laisser prendre à la forme souvent didactique, affirmative par définition, des poèmes de Bernard Antoun. Verlaine, lui aussi, affirme. «La voix vous fut connue (et chère?)» écrit-il. Affirmation dans le concret, interrogation dans l'inconnu, qui est l'essentiel. Il en va de même de Bernard Antoun. Il affirme afin de mieux questionner. Sa poésie se situe dans cette zone indéfinissable entre certitude de l'esprit et interrogation du cœur. Il faut aller l'y chercher, pour le complet bonheur de l'un et de l'autre.

Dans *A une absence*, Bernard Antoun va encore plus loin dans le dépouillement. Il écrit le poème de ce qui n'est pas dit, de ce qui doit rester derrière ce qu'il appelle «le rempart d'ombre». Il s'agit de la mort d'un ami. Le style de Bernard Antoun va directement à l'os. Il ne dit que ce qui est, selon le mode ascensionnel. Il y a d'abord la mort. Peu à peu, dans la suite des strophes, qui ressemblent aux lointaines prières, mille fois répétées, toujours nouvelles, des moines tibétains, apparaissent des thèmes d'exhaussement. Le poète sait que certaines images appartiennent à la terre, font partie de son langage; que d'autres, pour accéder à la vérité de l'expression, relèvent de la lumière. Le ciel aura ses oriflammes, la terre la lumière de l'aube, les uns tout aussi nécessaires que l'autre. Bernard Antoun, comme tous les poètes à tendance mystique, connaît cette loi contradictoire de l'écriture, qui veut qu'on n'accède à l'expression la plus hautement spirituelle que par l'adhésion au réel. *A une absence* est donc écrit à la fois sur les modes affectif et descriptif. Le sentiment s'y mue volontiers en évocation descriptive. La séquence temporelle ajoute un encadrement rigide et nécessaire à cette déploration. Jamais Bernard Antoun ne perd de vue les restes de son ami mort. Il le suit vers le cimetière, vers l'enterrement qui est une élévation, vers l'enfouissement, qui devient participation panthéiste au devenir humain. Sur le monde fugal, les deux thèmes, celui de l'abaissement, celui de l'élévation, se répondent et finissent par se confondre dans une assomption cosmique. Ce mouvement vers le haut donne au poème son unité d'ensemble.

On peut attendre beaucoup de qui a déjà beaucoup donné. Bernard Antoun, fidèle à l'évolution de son inspiration, répond avec fréquence à son rythme intérieur. Les recueils se suivent, dans les pas les uns des autres. Un dialogue s'établit entre le poète et ses lecteurs fidèles. Poésie d'origine, l'œuvre de Bernard Antoun trouvera-t-elle le public qu'elle mérite et qu'elle devrait atteindre de plein fouet? Il est un poète des grands thèmes: Dieu, la vie et la mort, la nature dans sa munificence humanisée, l'appel des âmes solitaires. Ne serait-ce pas à elles d'abord, privilégiées, que s'adresse ce verbe haut et délicat? Comme toutes les œuvres ancrées dans un art subtil, celle de Bernard Antoun est aussi ancrée dans la permanence.

On la voit prendre la mer comme un bateau
qui paraît fragile, vu du rivage, mais qui n'est
à l'aise et ne flotte bellement qu'en pleine mer,
là où les rayons du soleil deviennent l'eau.

Jean Ethier-Blais

I

Mise en bière
proches terrifiés
dehors comme rien n'était

Mise en bière
Sourire pour sa paix?
Pleurer?

Mise en bière
pleurer
pleurer après

Mort dans la chambre
aiguë
Enfants de par la rue crient, jouent

Corps qui s'enlise
dans le nœud de sa solitude
Temps et Vie continuent

Dernières paroles
pas entendues
étaient ténébreuses, placides?

enjouées de partir
pâles de vie
limpides de mourir?

— Souffle qui s'étire
visage
qui s'illumine

O sentiment qui ébranle
quand on me l'a dit
Immense froid   Immense vide

Tout devint soudain
si noir
si blanc

L'âme reçut
éclair
dense

— L'infranchissable secret
parut
si proche

L'immuable silence
prit soudain
forme

II

Ciel ocre
froid aride
maison triste

Visite des amis
parlent de tout
sauf de lui

Quelques-uns
seulement
tacites

ne regardent pas
corps seul, si petit
tout ce vide autour de lui

ne regardent pas
paupières qui sourient
visage qui ne refroidit

ne voient pas chaleur
douceur infinie
dans mains, figure

ne disent pas
l'esprit encore l'habite
son âme ne le quitte

— parlent de tout
sauf de lui
comme s'il n'était plus ici

III

Mort
pomme
qu'on croque

sucrée
peut-être
plus délicieuse

— toujours là
près
des autres

IV

Comment a-t-il glissé
dans ce jardin
d'oubli

par quelle porte
regard
figure?

— avec un cri
larme
sourire?

Il y est entré sans masque
âme nue
comme avait vécu

y est entré
comme jasmin d'avril
par matin de musique

— est mort
passerons tous
est mort et cependant

V

La mort était son amie
— jeune fille qui sourit
avec petite jupe

La mort
douce
avec ses bougies

Et pourtant
durant quatre mois
la chassa loin de lui

VI

Trois jours
à veiller sereins
parmi chrysanthèmes et lys

Trois jours
ni pour chasser ombres
ni pour se morfondre

mais pour vivre
avec lui
le changement

Trois jours
pour voler à la mort
quelque temps

L'Amour
était
chambre

— Silence
lumière
pour l'accompagner

VII

Quatre hommes
le porteront
sur leur épaule

Il sera plus
haut
que la hauteur des hommes

Nous le suivrons
dociles
avec nos ombres

Quatre hommes
sauront
le poids de la vie

le poids
du dernier sommeil
d'un corps

le poids
de l'implacable silence
qui dort

— Ne le portez pas
entre quatre têtes
entre quatre épaules

Tête
inutile disait-il
pleine de mensonges

Portez-le
près du nombril
près du ventre qui sonde

Seuls mains
ventres
dignes et profonds

Portez-le près du ventre
pour sa dernière
ronde

Et que cette marche soit anonyme
comme sa vie
comme son ombre

Lente descente
dans la terre
— grincement des câbles

Terre
O Terre
bouche insatiable

qui se délecte
tant
de cadavres

Une pierre pour emplacement?
Non! Lumière
fleurs, songes

VIII

Plus doux que mirage
un soir
il est parti

Avec l'amour du sacre
un après-midi
on l'ensevelit

— Pensée de cristal
pour que Vie
s'ensuive

Ni faibles
ni seuls
ni impuissants

mais égoïstement
tristes
pour son ascension

IX

Comme oiseau
graine
plant

comme souvenir
— livre
nous l'enterrons

Ce fut
son ultime
élévation

X

Plus le paysage de son regard
de sa voix
Plus le silence feutré de ses pas

Plus ses doigts maigres
— ses jambes
seulement, souvenir de ses tempes

récits et images
qui lèvent toujours
l'ancre

Plus de vieux
pour traverser   fébrile
le boulevard

Plus son corps
chétif
assis sur le sofa

Plus ses colères
fougues
tourments

On appellera
mais plus jamais
le demandera

Le fauteuil gardera
mémoire
des traces de son poids

— La nuit se souviendra
de ses yeux qui veillent
plus lumineux que sa lampe

XI

Sa chambre à jamais
(   )
dans la maison

La cuvette d'eau encore
près du chevet
par amour de l'eau

Son courrier toujours
sur la table
scellé

et sa montre
à notre temps
branchée…

— Objets Objets
qui survivent
après les morts

Le silence autour de vous
plus bruyant parfois
que volcan

Toute personne
immortelle
encore plus sa personne

O mort qui lave
sanctifie
le nom, l'image, le ton

Du marbre reluisant
en mémoire
de son nom

— Une étoile
à la place de chaque lettre
pour salutation

XII

Il est mort
me sens faible
mais quelque part plus fort

— La mémoire invincible
comme libérée de sa cage
la mémoire, la vie, la cendre

Sès paroles plus douces maintenant
regard plus tendre
voix plus profonde

Sa pensée demeure
comme
illuminations

— petites lanternes
qui éclairent
le plus clair de notre imagination

XIII

Neige pluie
vent
sur sa tombe

écrirais:
ci-gît Rêveur
qui aima la Mort

ci-gît Témoin
de la grâce impalpable
des choses

Des myriades de fleurs
pousseront
autour de son corps

Le cimetière
deviendra
jardin de baume

Le gardien
passant   envahi
léger frisson

Les colombes
éliront domicile
sur sa tombe

XIV

La mort, pas comme exil
mais
plage de repos

ombre
d'ange
sur son corps

Disparition des images
Transfiguration
— Emerveillement devant l'Auréole

Sa mort
pas comme arrachement
mais don

Sa mort
sainte
comme bénédiction

jardin pour notre âme
fraîcheur pour nos ombres
absolution

XV

Il n'a plus
notre œil
superficiel

— son regard
rivé depuis
vers la Splendeur

vers le Centre
noyau infini
de Lumière

Il a quitté
ce qui ne dure
et se décompose

découvre
nature
des choses

est plus près de moi
maintenant
que mes cils et ma peau

XVI

Les arbres
ses amis
iront le rejoindre

par les tréfonds
les hauteurs
les aquilons

iront siéger
— gardes fidèles
du trône

Ai encadré sa photo
l'ai entourée
de transparence

l'ai placée
au plus grand mur
de mes visions

là où
fleurs et soleils
ne connaissent pas d'automne

Sa mort
a réveillé
mon corps

ai rêvé de lui
rêve étrange
rêve tendre

— l'ai vu sourire
paisible
dans un monde d'or

XVII

Sous terre, lui?
Voyons
— plus libre que l'oiseau

Plus tranquille
plus heureux
plus chaud

La blancheur tout entière
à lui
ciel, dômes

Il habite depuis
pays
d'un autre ordre

habite en vérité
hauteurs
des songes

Sa figure plus que jamais
nuptiale
pour ceux qui le verront

XVIII

Plus de chagrin
ni douleur
pour son sein

Mais
chaleur confortable
des monts

— Oriflammes
du ciel
et lumière d'aube

XIX

Les oiseaux
chanteront
pour lui aussi

Le Temps coulera
différemment
pour lui

Nuits astres roses
jailliront
de son nid

XX

Ai toujours aimé
cimetières
le tien plus encore

pour mystérieuse
douceur,
intimité

pour cette dalle
— rempart d'ombre
qui protège ton nom

M'asseoir dans le froid
près de ta tombe
lire écriteau

regarder la croix
terre fraîche, remuée
gazon

humer l'air
qui frôle tes tempes
tes songes

– Absence
paradoxalement là
comme présence

XXI

Tu n'habites pas
le monde
des cadavres

Tu n'es pas
victime
des ombres

Tu n'es pas
proie
des flammes

Tu habites
colline
odorante

Tu habites
sommets
du vent

Le Temps
n'est plus énigme
pour toi

Avec ta bien-aimée, la Mort
en sa demeure, la terre
tu reposes

Dans l'éclatement des formes
et la transparence des images
tu reposes

Dans le bruissement du vent
et la tendresse des choses
tu reposes

Comme roi
neige sur les cimes
tu reposes

Comme nuage
ou ciel de Méditerrannée
tu reposes

et reposent
avec toi
mes songes

XXII

Toute vague
répétera
ton nom

Le vent
réchauffera
ton ombre

La neige
blanchira
ta tombe

Tu couleras
sève
sang des roses

pousseras
herbe verte
dans la cour des écoles

— Tous les plants
de laurier
sur ta tombe

XXIII

Ni ombre
ni cendre
mais encens

et ambre
pour évoquer
ton nom

L'amande s'ouvrira
en souvenir
de tes mots

Le duvet des pétales
au printemps
viendra de ta peau

XXIV

Mon deuil
sera
blanc

comme celui
des rois
dans un autre Temps

blanc
comme ton image
ton nom

Mon deuil
sera
fête

pour célébrer
ta mémoire
ton ascension

Mon deuil
– Fleur
dans l'ombre

Te voilà
immensément grand
après ta mort

plus uni au ciel
que air
– qu'aile d'ange qui monte

XXV

Tirez sentinelles
vingt et un coups
pour saluer sa mort

Resplendissez étoiles
et toi lune
en cette nuit de la mort

Arbres fleurs
Vent soleil
étincelez

Terre et mer
ciel et pierres
ouvrez vos entrailles

Votre frère
aujourd'hui
vers vous s'élève